류한상 시집〈제3집〉

해송(海松)

시인 류 한 상 지음

도서출판 조은

해송(海松)

인쇄일 2011년 1월 11일
발행일 2011년 1월 11일

지은이 류한상
펴낸곳 도서출판 조은
발행인 김화인
편집인 김진순
디자인 김진순
주소 서울시 중구 인현동1가 19-2 대성빌딩 303호
전화 (02)2274-2408
팩스 (02)2272-1391
출판등록 1995년 7월 5일 등록번호 제2-1999호
ISBN 978-89-94329-15-4
정가 10,000원

찬사(讚辭)

저자 류한상(柳漢相) 시인은 강직한 성품의 지성인이며 목사직을 천직으로 근면성실하게 살아가면서 수많은 문학작품을 발간한 바 있습니다.

저자의 첫시집 「10월의 노래」에 이어 두번째 시집 「멋진 인생」, 세번째 시집 「해송(海松)」을 출판하게 되어 진심으로 경하해 마지 않습니다.

아직도 5백여편의 창작시를 소장하고 있어 계속적으로 출판할 계획이라고 합니다.

저자는 시인으로 목자로서 주경야독하는 근면한 삶을 살아가고 있으며 세계환경문학협회의 상임이사 또한 우리가곡작사가협회의 이사로서 많은 가곡시집을 쓰고 있으며 가곡CD도 출판하고 있습니다.

다채다능한 작가임에 칭찬을 해도 부족함이 없겠습니다.

시편 「하나님의 크신 사랑」과 「예수님」에서는 창조주의 피조물인 자연의 사랑과 살아 있는 생명에 대한 중시 사상이 담겨져 있으며, 시편 「해송(海松)」과 「야자나무야」에서는 악화일로에 있는 환경오염의 심각성에 경종을 울리고 있습니다.

이러한 작품성이 높이 평가되어 금년에는 세계환경문학 대상을 수상한 바가 있습니다.

저자는 목자인지라 늘 하나님의 뜻대로 살아가려고 노력하고 있으며, 또 문학인으로서 인류평화와 우호증진 그리고 지구의 환경보전에 공헌하며 살고 있습니다.

정의가 실종된 이 나라 사회에서 정의를 되찾고 인류의 평화를 실현하며 오염없는 세상을 만들어 주님 나라와 정의를 구현하는데 추호나마 도움이 되었으면 하는 마음 간절합니다.

2010년 개천절

문학박사 **선우 호 (鮮于 浩)**

세계환경문학협회, 세계평화문예원 총재

축하말씀

저자 시인 류한상은 존경받는 기독교 학자요, 작가, 가수 그리고 교육자입니다. 또한 한성문학, 한미문학, 우리가곡작사가협회 이사이기도 합니다.

특히 어려운 환경에 처한 이웃을 위해 사회복지사업 나아가서 인류의 행복과 평화, 조국을 위한 헌신 봉사하여 자랑스러운 한국인 상을 받은 저자입니다. 저자의 작품을 통해 그의 아름다운 정신(영적)세계를 이해하기에 충분하리라 믿습니다.

저자는 음악인으로 가수로서 아름다운 가곡을 창작하여 가수로 음반을 발표하고 복회하는 숭심교회 노래를 작사, 수향한 찬양단 이름으로 하나님께 영광 돌리기도 하였으며 많은 시집을 낼 예정에 있어 시인 가운데에서도 칭송을 받는 유망주입니다. 이는 남다른 조국사랑 사회복지 사랑에 다시 한번 아낌없는 찬사를 보냅니다.

저자의 아름다운 "효" 사랑에 큰 격려를 하고 싶습니다. 특히 천재적인 언어 마술사로 불리어질 만큼 타고난 저자의 아름다운 문장력을 바탕으로 부디 원대한 "조국사랑" "효사랑" 소원을 이루어지기를 진심으로 큰 격려하는 바입니다.

시집 "해송(海松)"의 출판을 칭하하며 다시 한번 3~4집을 발표할 것을 축하하오며 독자의 정서 생활에 활력소가 될 영양제가 되리라 믿어 의심치 않습니다.

끝으로 저자 류한상 시인의 앞날에 꿈이 실현되기를 바라며 큰 격려와 찬사를 대신하는 바입니다. 감사합니다.

2010년 11월 11일

신학, 문학박사 양 창 부(시인, 작가)
미국개혁신학대학 한국캠퍼스 학장
(WORLD. LITERATURE) 세계문학 총재

✿「해송(海松)」 시집 발간에

시집 「해송(海松)」을 발간하면서 함께 이 시대를 멋지게 달리는 모든 독자와 우리 모두 되기를 바랍니다. 감사도 기쁨도 아름다움도 보람도 행복도 즐거움도 웃음도 모두다 「해송(海松)」의 재료들입니다.

우주와 만물 속에 귀한 보배 되어 더욱 가치 있고 품격 높은 길을 함께 걷고 달릴 수 있는 우리 모두가 되기를 바랍니다

나는 참 행복자입니다 여러분들이 계시니까요. 당신이 있으니까요. 그동안 함께 해 주시고 도와주신 모든 분들께 다시 감사 드립니다.

전능하신 이의 도움을 받고 사는 그 분의 자녀인 우리도 참 행복한 사람들입니다. 어렵고 힘든 일 지치고 낙심될 때 있어도 그 분의 도우심으로 더욱 값진 능력을 이루고 고비마다 풀어 해결해 주심을 감사하고 찬양을 올려 드립니다.

「해송(海松)」의 본 시집을 읽으시는 모든 독자님들과 저와 같은 감동이 가득하실 수 있기를 소원하며 더욱 큰 은혜와 전능자의 복이 반드시 있어 질 줄 믿고 기도드립니다. 기적과 이적은 흔한 것이 아닙니다. 그러나 분명 그것은 나와 우리와 함께 하고 있다는 사실을 알아야 합니다. 전능자의 도움으로 나와 우리의 삶이 역전되어 큰 영광과 감격과 승리의 함성이 우렁차게 울려질 수 있기를 바랍니다.

「10월의 노래」에 이어 다시 「멋진 인생」과 「해송(海松)」을 노래하게 해 주신 전능하신 이와 모든 분들에게 감사드립니다. 앞으로도 계속 변함없으신 사랑과 관심으로 격려해 주시고 조언해 주시고 기도해주세요.

「해송(海松)」의 시집을 대하시는 모든 분들에게 전능 하나님의 은총과 사랑과 복이 가득 하시기를 다시 한번 기원하면서 인사 올립니다. 저의 작사 노래도 사랑해 주시고 함께 불러 주세요. 여러분 사랑하고 축복합니다.

2010. 11. 8 강화 서재에서

詩人 柳 漢 相 牧師

contents.......

찬사 / 3
축하말씀 / 5
「해송(海松)」 시집 발간에 / 7

제1부 하나님의 사랑… 13

한 영혼 / 14
우리 부부 / 16
가정 / 17
청개천아 / 18
청개천 / 19
참담 하도다 / 20
용 서 / 22
애 국 / 24
경 주 / 26
금식기도 / 27
하나님의 사랑 / 29
복 음 / 30
어둔 밤이 물러가고 / 31
천지만물을 / 32
쓸모없는 이 죄인을 / 33
감사하라 / 34
대 비 / 35
오 놀라운 하나님 사랑 / 36
하나님은 주셨네 / 37
하나님의 크신 사랑 / 38

제2부 우리 인생… 39

세상사는 사람 중에 / 40
인생 맛 / 41
멋진 인생 / 42
태안의 아침 / 43
감사 속에 / 45
우리 인생 / 46
부 흥 / 47
일 식 / 49
회 심 / 50
수 련 / 52
변치 않는 / 53
어 찌 / 54
예수님 / 55
기 쁨 / 56
서 로 / 58
어차피(於此彼) / 59
관 심 / 60
블루베리 / 61
중앙공원 / 62
나 이 / 63
도 전 / 64
취 미 / 65

제3부 해송(海松) … 67

나는 당신이 / 68
하늘에서 / 69
비자림 / 71
외돌 개 / 72
창문 넘어 / 73
파도야 / 75
야자나무야 / 77
그 시절 / 79
휴 가 / 81
제주 아침 / 83
바다의 노래 / 85
제주대 / 87
해 송 / 88
함덕 해수욕장 / 90
쇠소깍 / 92
돈 내코 / 93
상판악 / 94
마라도 / 95
손녀들과 / 97
아들아 / 98
제주에서 / 99

제4부 인동초(忍冬草) … 101

사라봉 / 102
인동초(忍冬草) / 104
기 회 / 106
손도장 찍고 / 107
우리 모두야 / 109
점 검 / 111
이 름 / 112
성 장 / 113
온들 가을 / 114
가 을 / 115
손양원목사 순교 기념관 / 116
충만 / 118
땀 / 119
열매 / 121
알곡 / 123
기둥 같이 / 125
단풍 / 127
내 사랑하는 / 128
어리던 니들 / 129

창작성가 / 131
가곡 / 137

– 제1부 –

하나님의 사랑

한 영혼 / 14

우리 부부 / 16

가정 / 17

청계천아 / 18

청계천 / 19

참담 하도다 / 20

용 서 / 22

애 국 / 24

경 주 / 26

금식기도 / 27

하나님의 사랑 / 29

복 음 / 30

어둔 밤이 물러가고 / 31

천지만물을 / 32

쓸모없는 이 죄인을 / 33

감사하라 / 34

대 비 / 35

오 놀라운 하나님 사랑 / 36

하나님은 주셨네 / 37

하나님의 크신 사랑 / 38

한 영혼

하나의 귀함이
얼마나 소중함의
본질 이던가

하나는 모든 것의
시작이요
뿌리줄기 근간아닌가

우리 주님은
한 영혼이 천하보다
더 귀하다 값을 메겨 주셨지요

주님이 가장 비싸게
인정 해주신 영혼을
어찌 내 소중히 안 하리요

한 영혼 위해서
목회 한다는 정성으로
내 힘 다하리라

주님께서 맡겨주신
한 영혼 위해서
내 정성 다 바치리라

주님이 기억 하시면
주님이 기뻐하신다면
어디든 내 따르리이다

주님이시여
한 영혼이 지금
어디 있나이까

명 하소서
주님이시여
종이 움직이겠나이다.

우리 부부

하나님이 창조하시고
하나님이 짝 지어주신
아름다운 부부 되었어요
하나님의 창조 마무리
행복한 부부 이루심으로
하나님이 완성 하셨어요

하나님이 원하시는
하나님이 기뻐하시는
참 좋은 우리 부부 됐어요
하나님 모신 우리가정
아름답고 기쁨의 부부됐으니
마음껏 하나님 찬양해요

우리 하나님 영원하도록
사랑 감사 행복가득하게
우리 부부에게 채워 주소서
우리 부부 천국 가는 날
주님 품에 힘껏 안겨
사랑 감격 만끽하게 하소서.

가정

하나님이 창조 세계 중
가정은 천국의 모델이라

남편과 아내는
가정의 핵심인자요

아들과 딸은 사랑의
창조 생산의 계속이라

하나님 모신 가정
하나님이 복 주셔서 통치하고

친히 주인 되셔서
때를 따라 필요 공급해 주신다

가정은 사랑 가득
가정은 행복 가득 담긴 곳

엄마 아빠 사랑
아들 딸 사랑 우애 풍성

주님 모신 감사 찬송
은혜 축복 가득 채워서

가정 천국 이웃 복음
천국 확장 복음 빛 비추자

부족해도 약해도
주님 모신 우리가정 천국이라.

청개천아

서울의 복판 청개천아
민족의 애환 가득 담고
육백년 도읍 지켜오다
개발의 희생 당했었네

이십 일 세기 문을 열고
닫혔던 뚜껑 활짝 열어
하늘의 새 빛 쬐어지어
새 시대 힘찬 고동 친다

역사의 새장 열었으니
청개 천 물길 트였으니
힘차게 흘러 대양으로
더 넓게 세계 향하거라.

청개천

천년을 넘겨 묵묵히 지켜온
이 나라 심장 한가운데에서
말없이 흘러 오늘을 지켰다

이 민족 온갖 풍상들 다 겪어
여기의 청개 물줄기 어둠에
감췄던 그간 답답함 토했다

청개 천 물꼬 다시금 열렸네
어둡고 답답했던 것 벗었다
더럽고 썩은 찌꺼기 씻었다

시원히 뚫린 청개 천 물줄기
힘차게 다시 물노래 부른다
답답한 도심 말끔히 씻어라

일천년 도읍 다시금 지키라
무궁한 조선 한반도 지키라
청개천 물아 힘차게 흐르라

도시민 애환 감싸고 가거라
더위에 지친 시민을 위하라
서울의 노래 힘차게 부르라

청개 천 흐름 물줄기 영원히
한반도 체증 시원케 뚫었다
청개천 물아 영원히 흘러라.

참담 하도다

아~이 민족의 참담함
어찌된 양상이더냐
경상도 김해 땅 봉화마을
조그만 시골 빈농의 아들로 태어나
인생 역경 승부 펼쳐
자수성가로 민족 나라
최고 지도자까지 지내셨어라

청념과 결백을 주창하며
참여 정부를 이끌던 이가
이제 일순간에 옛 사람으로
스스로 돌아가 버렸으니
참으로 안타깝다
말할 수밖에 없게 됐어라

한 민족 국가를 이끌던 수장을
어이 존경도 대접도 가치도 없이
송두리째 무너뜨리고 마는가

세상이 알아주랴
사람이 알아주랴
정부가 알아주랴
달랠 수 없어 가엾이 가셨구려

이 나라여 민족이여 지도자들이여
어찌 어른 없는 나라 되었는가
누가 인간 윤리 도덕을 깨버렸는가

국가가 질서 잃으니
사회 기업 가정 다 정신 잃는구나

참담한 비극의 벽을 넘겨
어른 공경 받는 가정
지도자가 존경받는 사회
국가 어른이 참으로 바른 지위에
본이 되고 존경받아 덕망 이루는
번영과 발전의 민족나라 되라

국민 된 한 사람으로
안타까와 가엾어서
한 백지 위에 심경을 적노니
이 나라여 민족이여
각성하야 잖소

서로가 귀인 되어
이웃 나라 민족에
큰 도움 되어 지자구려

노무현 전 대통령이시여
그 길밖에 없으셨는가요

나를 위해 사는 자도
나를 위해 죽는 자도 없다셨는데.

용서

부족함을 자랑할 수 있고
허물을 용서 받을 수 있어
행복하다 말할 수 있자

눈에 보여 지는 모든 현상들은
다 완전할 수 없는 것들
조금은 다 불완전 함 알자

육체의 몸을 입고 있는 우리야
서로 약하다 함을
서로가 부족 함 들을
도와 서로 채워 힘 되어주자

언젠가는 벗을 것 들
그러기 전에 많이 도웁는
남에게 유익되어 주는 삶 살자

용서하지 못하고
형제와 이웃의 허물을 들추고
남의 약점을 들추려하는
소모적인 낭비를 벗자

내가 존재하고 있음은
이웃과 모두에게
필요를 제공하라는 명 아닌가

한 시대의 호흡 주체들아
우리 서로 용서하자
우리 서로 이해하고
우리 서로 화합하자

우리 사랑하며 영원 삶 키워 살자.

애국

세계와 온 나라의
창조의 주인이시오
세우시고 통치하시는
전능 하나님을 찬양 합니다

이 나라와 민족을
지극히 사랑하셔서
세계민 가운데 성 민국으로
뛰어나게 해 주셨습니다

작고 약하게 보이지만
하나님의 특별하신
예정속에 간섭하심으로
여기까지 인도 하셨습니다

우리와 나라와 교회를
더욱 사랑하셔서
하나님의 계획 목적속에
온전히 순복하게 하옵소서

이 민족 강산 지키려고
목숨 바친 많은 이들
오늘도 민족 수호에 앞장선
모든 이들 지켜 주옵소서

이 민족의 통치권을 행사하는
나라 위정 지도자들에게
우리 하나님의 섭리를
깨달아 지키게 하옵소서.

경주

경주자는 허다한 것 벗고
가볍게 달려야 한다

누구나 인생은 목표를 향해
꾸준히 달리는 경주자이다

포기하지 아니하고
끝까지 견디어 달려 이기자

달리는 길에 힘이 들어도
장애물도 많이 있으니라

세상의 많은 이들
경주 힘들다 한숨 쉰다

사랑하는 경주자들이여
주님의 도움 받아 완주 합시다

때를 따라 주님이 힘주시고
끝까지 함께 동행 해 주십니다

주님이 택한 우리 백성들
끝까지 우리 붙잡아 주시리라

주님의 능력의 손잡고
끝까지 천성을 향해 달려 갑시다

믿음의 선진 승리자들
신앙의 굳건한 완주자들 입니다.

금식기도

나의 생명에 주인 되시는
전능 하나님의 긍휼함을 입고자
나와 남과 교회위해
금식하며 기도 올립니다

나의 자아를 죽이고
나의 주 하나님의 마음을 안고
모든 이들 품고 싶어
금식하며 기도 올립니다

사랑의 하나님 은혜와 복을
긍휼 하나님의 자비와 은총을
용서의 하나님의 배려와 선처를
금식하며 기도 올립니다

하나님의 기뻐하시는 금식은
흉악의 결박을 풀어 주신다 하셨으니
교회와 성도들의 문제 해결을 원하여
금식하며 기도 올립니다

나의 주 하나님 아버지시여
우리 성도들도 하나님 사랑 많이 받아
하나님께 크게 영광 돌리기 위해
금식하며 기도 올립니다

나의 주 나의 하나님
사랑 용서 이해 배려 못한 것
용서 받고 위로 받고 싶어서
금식하며 회개 눈물로 기도 올립니다.

하나님의 사랑

하나님의 특별하신 은총 덧 입혀서
부름 받은 우리 모두 천국 백성 일세
우리서로 신앙격려 용기 일깨워서
이전보다 더욱 많이 주님 사랑하세
사랑하자 우리서로 더욱 열심히
사랑하자 우리서로 크게 사랑하자

하나님의 크신 사랑 너무 고마워서
온 몸과 맘 다 바쳐서 충성 맹세하여
천국 가는 그날까지 믿음 변치 말고
주님사랑 형제사랑 서로 앞장서자
사랑하자 우리서로 더욱 열심히
사랑하자 우리서로 크게 사랑하자

하나님의 약속하신 말씀 순종하여
주님나라 임하는 날 함께 들림 받아
크신 상급 서로 나눠 주께 영광 돌려
감사 찬송 영원토록 아멘 할렐루야
사랑하자 우리서로 더욱 열심히
사랑하자 우리서로 크게 사랑하자.

복 음

인간 세상 소식들을
사건 사고 문제투성이고
복음 말씀 소식은
희망 기쁨 가득 담아온다

태초부터 세말까지
복된 생명의 말씀으로
받아 믿고 풍성 삶 살자

복음 중의 복음은
예수 복음 천국말씀
영원 생명 약속이라

천하 만민 모든 이여
영생 구원 말씀 받아
기쁨 소망 채워 삽시다

동서남북 사면팔방
복음 전파 힘써 펼쳐
어둔 영혼 밝혀 건져내자

영원 생명 천국 복음
내세 희망 가득 받아 담아
우리 주님 부탁 명령 다 이루세

사랑하는 형제자매여
주님 말씀 힘써 지켜 충성하세.

어둔 밤이 물러가고

어둔 밤이 물러가고 새날의 밝은 빛을 받아서
나의 몸과 맘까지도 상쾌한 생명 정기 채웠네
이 기상과 정열로서 마음껏 창조 세계 다스려
창조주의 절대목적 온전히 달성 되어 지도록
하나님의 영광나라 이 땅에 가득 채워 주소서

하늘에선 빛으로서 온 세상 고루 비춰 주시고
땅에서는 그 빛 받아 새 생명 운동 박차가한다
우리서로 협력하여 이 세상 아름다움 가꾸자
창조주의 뜻을 따라 이 땅에 천국 소원 이루게
하나님의 영광나라 이 땅에 가득 채워주소서.

천지 만물을

천지와 만물을 창조하시고 다스리시는 하나님
무한하신 능력을 참 감사 찬양 경배 드립니다
창조하신 계획과 그 목적을 우리 깨달아
하나님 사랑 사람 사랑 자연 사랑으로서
하나님의 그 속성을 널리 펼칠 수 있도록
우리에게 새 힘과 능력을 충만케 하여 주옵소서

하나님의 선하심과 자비 인자하심을
우리 모두 체험하고 긍휼함을 받았습니다
하나님의 사랑과 그 섭리하심을 우리 깨달아
서로 섬기고 나누고 돌봄으로 사명 다하여
하나님의 그 속성을 널리 펼칠 수 있도록
우리에게 새 힘과 능력을 충만케 하여 주옵소서

하나님의 위대하신 계획과 목적들을
우리함께 정성 다해 보답해 드리리이다.

쓸모없는 이 죄인을

쓸모없는 이 죄인을 불러 주시고
십자가의 보배피로 씻어주셔서
천국백성 삼아주사 구원 하셨네

하나님의 크신 사랑 너무 고마와
이 한목숨 다 바쳐서 충성 하리라

허물 많고 천한 자를 고쳐주시고
하늘나라 은혜도구 되게 하셔서
영원 구원 천국백성 인쳐 주셨네

하나님의 크신 사랑 너무 고마와
이 한목숨 다 바쳐서 충성하리라

미련하고 어눌한 입 열어주시고
하나님께 찬송 드려 영광 돌리고
하늘나라 영생복락 맘껏 누리네

하나님의 크신 사랑 너무 고마와
이 한목숨 다 바쳐서 충성하리라.

감사하라

감사하라 온 세계 민족들아
찬양하라 모든 만물들아
하나님의 솜씨로 지어졌다

우리 모두 하나님 작품이다
하나님의 찬송의 나팔 되자

기뻐하라 온 세계 민족들아
기도하자 하나님 백성들아
하나님의 손으로 만들었다

우리 모두 하나님 작품이라
하나님의 찬송의 나팔 되자

감사하자 찬송과 고백으로
즐거웁게 웃으며 주께 영광
하나님의 섭리로 창조됐다

우리 모두 하나님 작품이라
하나님의 찬송의 나팔 되자.

대비

아 이 민족의 통한이여
6.25의 하마의 할퀸 상처
아직도 다 아물지 않았다

6.25동란 포성 터진지
어언 60년이나 지났는데도
아직도 포성은 완전히 멈추지 않았다

선생은 하나님께 속했다 했는데
진정 하나님의 징계였음을
왜 깨달아 알지 못 하는가

일제 36년의 식민 억압은 왜
신사 참배 저지른 그 죄과는 왜
회개치 못하고 있었더냐

어리석은 이 민족 동포들아
왜 대비치 못하였느냐
왜 회개기도 못하고 있느냐

6.25의 세대가 물러가고 있다
새 사람들로 이 땅 채워지고 있다
6.25동란 참상 잊어 가고 있구나

회개기도 하고 경성하라
서로 용서하되 잊지는 말자
오늘의 주인들아 대비하라.

오 놀라운 하나님 사랑

오 놀라운 하나님의 사랑 이 어찌 헤아릴 수 있으리요
죄악으로 뒤 엉킨 우리들은 십자가 보배피로 씻어 주셨네
새 생명 얻은 우리들아 힘차게 주님께 찬양 드리자

아름다운 입술로 하나님을 찬송하자 끝까지
온 몸과 맘 다하여서 하나님을 찬송하자 영원히

오 놀라운 하나님의 은혜 그 무엇으로 다 갚으리이까
주님의 십자가 보혈이 지금도 생생히 흐르고 있네
새 생명 얻은 우리들아 힘차게 주님께 찬양 드리자

아름다운 입술로 하나님을 찬송하자 끝까지
온 몸과 맘 다하여서 하나님을 찬송하자 영원히.

하나님은 주셨네

하나님은 주셨네 하늘과 땅을
하나님은 주셨네 우주와 만물
하나님은 주셨네 자연과 세상

하나님은 주셨네 사랑과 복을
하나님은 주셨네 명예와 권세
하나님은 주셨네 감사와 찬송

하나님은 주셨네 나라와 민족
하나님은 주셨네 가정과 식구
하나님은 주셨네 나에게 모두

하나님은 주셨네 은혜와 은총
하나님은 주셨네 자비와 사랑
하나님은 주셨네 천국과 영생

하나님은 주셨네 부귀와 명예
하나님은 주셨네 영원한 나라
하나님은 주셨네 이 세상 모두.

하나님의 크신 사랑

하나님의 크신 사랑 너무 기뻐 감사하여서
날마다 천국찬송 불러 내영이 기뻐 합니다

구원의 감격 가득 싣고 날마다 노래 불러서
내 영혼 밝게 비춰 심령 깊은 곳 밝히 드러내

하나님 나라 자비 은총 사랑을 다 받아 누려
영원히 하늘 찬송 가득 채워 올려 드리세

바람 불고 눈비 내려도 변함없는 믿음 가지고
천국 향한 일편단심 주님 사랑 끊임없어라

영원하신 주님 은혜 고이 간직 하여서
하늘나라 들어 갈 때 주님 품에 힘껏 안기어

쌓인 회포 다 풀어 주님 위로 받고 싶어요
주님 정말 사랑해요 주님 정말 사랑 합니다

하늘나라 영원천국 우리 모두 입성하는 날
천사 나팔 환영 대열 할렐루야 주께 안기세.

– 제2부 –

우리 인생

세상사는 사람 중에 / 40
인생맛 / 41
멋진 인생 / 42
태안의 아침 / 43
감사 속에 / 45
우리 인생 / 46
부 흥 / 47
일 식 / 49
회 심 / 50
수 련 / 52
변치 않는 / 53
어 찌 / 54
예수님 / 55
기 쁨 / 56
서 로 / 58
어차피(於此彼) / 59
관 심 / 60
블루베리 / 61
중앙공원 / 62
나 이 / 63
도 전 / 64
취 미 / 65

세상사는 사람 중에

세상사는 사람 중에 걱정 없는 이가 어데 있오
삼천갑자 동방석도 부귀영화 누린 솔로몬도
일평생을 살다보니 후회 한숨뿐임 이라잖소

여보시오 형제님요 기뻐 즐거웁게 살 잖겠오
우리 인생 정한시간 자신 만만 당당 사십시다

인간만사 새옹지마 누가 팔자 운명이라 했오
인생사는 즐김이요 힘찬 행복으로 달립시다

천지만물 모든 것들 전능 하나님이 주셨잖소
우리 위해 주셨으니 부자 인생으로 살아야죠

여보시오 형제님요 우리 함께 사는 세상이요
우리서로 사랑 격려 칭찬하고 서로 축복해요
서로 돕는 귀인 되어 성공 노래 함께 부릅시다

한치 앞도 모르는 것 우리 인생이라 하였잖소
허송세월 하지 말고 더욱 열심히 일 합시다

후회 없는 보람인생 창조 전능자의 목적으로
감사 기쁨 행복천국 우리 온 생애를 채웁시다.

인생 맛

춘하추동 동서남북 천지현황
일월성신 자연만물 명암 흑백
우풍설상 서한대기 사시현상
조화 이뤄 살아감이 인생이다

하나님이 창조하고 펼쳐주신
이 세상의 모든 그림 어우러짐
우리서로 누리면서 아름답게
웃으면서 즐거웁게 살아가세

각양조화 어울 더울 화기 애애
상부상조 인생참맛 물씬 풍겨
창조자의 품은 뜻을 깨달아서
우리 모두 감사 노래 부릅시다

한 시대의 주인으로 의무 다해
오고가는 시대 고리 매듭지어
영원하신 창조주의 경륜 따라
하늘나라 품고 살자 멋진 인생.

멋진 인생

세상사람 몰라줘도
전능하신 하나님은
우리 사정 알아주고
은혜사랑 복 주신다

우리에게 은혜주사
풍성하게 살라셨다

온몸과 맘 정성 다해
멋진 인생 가꿔가자
인생이란 세상 밭에
심기어진 꽃밭이다

아름답자 즐거웁자
감사하자 행복하자.

태안의 아침

어저께 몰아치던 폭우도
세찬 바람 붐도
밤의 적막 속에 다 밀치고
새 아침을 맞는다

몇해 전 기름 사고로
고장난 바다 일까봐
안타까와 하든 모습들
이제 찾아 볼 수 없구나

동녘의 밝은 빛은
점점 높여 떠올라
온 세상에 활기 띄게
생명의 발랄을 준다

활기의 가속 페달을
밟듯 바다는
처얼썩 철썩
계속 밟아 준다

태안의 아침 모든 것들
바다의 엔진 소리에 탄력 받아
산 바다 돌 나무 숲 조화
참 잘 어울리는 세상이 로구나

새 생명의 포용
생기 활력 가득함이
바다 내음 솔나무 향기
생명으로 짙게 풍겨온다.

감사 속에

날마다 나를 점검 해보고
가끔씩은 또한 되돌아 보기도하며
과거도 현재도 미래도
결단코 잊혀지고 바라는 것이라
단정 짓지도 말자

지나갔음에 아쉬움도
지나간 것에 대한 후회도
지나쳐 버렸음에 아쉬움도
흘러들 가고 있음에
미련도 없을 수 없지는 않은가

뒤 돌이 봄도 감사하고
현재 있음에도 더욱 감사 하고
앞을 향해서는 더 더욱 감사 이루자

감사 속에 감사 나오고
감사는 또한 기쁨이 솟아나게 하고
기쁨은 나로 노래 부르게 한다

감사야 함께 살자
기쁨아 함께 가자
행복아 같이 살자

감사 속에 항상
즐거워라 나야.

우리 인생

우리 인생 함께 사는 이 시대의 수혜자들아
아름다운 천하 만물 나를 위한 선물들이라
어렵다고 한탄 말고 괴롭다고 낙심 말아라
어둔 밤이 지나가면 새 날이 밝아오듯이
근심걱정 물러간다 감사기쁨 찾아 온단다

사랑하자 우리 모두 한 시대의 동행자들아
서로 돕고 격려하자 사랑으로 가득 채우자
힘없다고 포기 말고 돈 없다고 절망 말아라
북풍한설 몰아쳐도 새 봄은 찾아오듯이
희망 솟아올라 온다 내 인생의 봄이 온단다

즐거워라 우리 인생 기뻐하자 우리 모두들
이 세상의 어떤 것도 우리보다 귀한 것 없다
하늘에서 하나님이 풍성하신 은혜 내려서
하나님의 위대하신 능력으로 모두 덧입어
밝은 내일 받을 복을 성공인생 꿈을 꿉시다.

사랑하자 우리 모두 서로축복 귀인 되어서
감사노래 축복노래 기쁨노래 계속 부르자.

부 흥

약한 것이 강해지고
부족한 것이 풍족해지고
범사 잘되고 형통을 원하는 것이
사람의 평범한 바램이던가

내가 원하는 것은 다
무엇이든지 내 생각대로 되는 게
성공이라고 승리라고
성취 했다고 만족 하려는가

마음에 좀 여유를 가지고
삶에 좀 더 긍정을 이뤄서
감사와 행복이 조율사로
살아 갈수는 없을까

나와 가족과 남들과도
서로 어울려 사는 인생인데
서로 좋은 사람으로
서로에게 귀한자로 살아가자

참된 부흥은
숫자의 계측이 아니다
참된 부흥은
삶의 활력을 이룸 아닌가

사랑의 부흥이
감사의 부흥이
행복의 부흥이
영혼과 범사에 가득하여라.

일식

달이
태양을 시기하여
심술쟁이가 되었는가

달이
태양을 가리려고
겨루어 보았는가

달이
태양을 아주 먹으려다
너무 뜨거워 토했는가

달이
태양을 삼키다 말고
크게 놀랐나 보구나

달이
언제 그랬느냐 듯이
물러나 새침때기 한다

달아
태양아
우주야 만물아 함께 놀자

달아
태양을 물어 뜯었니
어때 21세기 최대 쇼 했구나.

회 심

망망대해를
항해하는 배들도
방향을 조절하고 나가게 하는
키인 돛이 있다

창조주 하나님도
인간을 만드실 때에
육신만이 아니라
내면에 양심도 넣어 주셨다

양심은 우리 마음을
마음은 혀를 움직이고
혀는 입술의 권세를
주장하고 있지 않은가

창조주 하나님은
양심의 자리에 마음도 함께
바르게 서 있기를
바라시고 계십니다

그릇 행하는 일이
양심을 잃어버린
마음의 비뚤어짐에서
일어나는 일이 아닌가

마음을 되돌리고
양심의 자리 바로 지켜
창조주 하나님의 목적으로
회심의 변화되어 성공 살자.

수 련

어린 아이가 걸으려고
수없이 넘어지고 자빠져도
다시 일어서기를 반복 하듯이

육체의 수련은
체력과 근력과 힘을
더욱 튼튼히 해 주시듯이

운동선수들이
진한 땀 흘리면서
강렬한 훈련을 이루듯이

수련은 내 몸을
또한 기능들을 단련해
온몸 맘 정신을 강건케 한다

정신의 수련으로
육체의 수련으로서
영혼과 몸이 강건해지고

신앙의 경건 수련으로
이 믿음 더욱 성결로 굳세어
금생과 내생의 견고함 이루어

성공의 가치를 높이고
나와 남이 서로 공존하여
상호 수련으로 강건 덕망 크게 높이자.

변치 않는

해는 뜨고 지고
달도 뜨고 지지만

아이도 자라서
어른이 되어 지지만

근본은 변하지 않는
본질을 유지 한다

사랑은 자라서
더 큰 사랑이 되는가

처음이나 나중이나
변함없는 마음으로 살자

아니 더 좋은 모습으로
아니 더 발전된 삶 살자

영원히 변치 않는
참 마음으로 우리 삽시다.

어찌

동과 서
남과 북은

하늘과 땅
밝음과 어둠은

물과 불
식히고 데움도

부요와 가난
강함과 약함도

추위와 더위
미움과 사랑도

행복과 불행
구원과 멸망도

천국과 지옥
영생과 영멸도

웃음과 울음
기쁨과 슬픔도 어찌.

예수님

예수님의 생애는
두 생애를 이뤄주셨네

비하의 신분으로
성육신과 율법 순종을
온갖 수난 다 당하시고
십자가 죽으심으로 장사되셨네

승귀의 신분으로 다시
부활하시고 승천 하셔서
하나님 보좌 우편에 앉으사
지금도 우리의 구원 역사를
감당하사 중보자가 되어주시네

예수님의 생애는
우리 위해 온전 헌신으로
다 내어 주셨다네

참 하나님이신데
스스로 죄인의 몸이 되셔
내 대신 십자가 지시고
구원 역사 이루셨다네

우리 예수 그리스도
우리에게 다시 오실 때
큰 감격 기쁨으로 주님 맞으리.

기 쁨

웃어야 기쁨인가
기뻐서 웃는 것인가

부귀와 명예와
행복만이 기쁨이라 할까

육신의 기쁨만이 아니라
온 몸과 마음의 풍성한 기쁨으로
가득 채워질 수 없는가

참된 기쁨이란
마음 속 깊은 곳에서 솟아남이라

온전 기쁨이야 말로
겉 상황을 떠나서
흔들림이 없는 것이라

세상 풍랑 일어도
기쁨을 빼앗아 가려는
그 어떠한 미혹에도
결코 흔들리지 않는다

참된 기쁨은 핍박과 환란도
아픔 괴롬 슬픔이 닥쳐도
빼앗기지 않는 것이라

항상 기뻐할 수 있는 사람은
쉬지 않고 기도하는 자
범사에 주님 안에서 감사하는 자.

서로

남자와 여자는
창조의 근본에 차이가
있게 한 것이 아닌가

남자는 남자의 자존심이
여자는 여자의 자존심이
서로 있음을 알자

서로를 채워 주는 것이
남녀의 공존 의무 아닌가

여자는 이해 해주기를
남자는 인정받기를 바라고

여자는 존중해 주기를
남자는 감사하다는 말을 바란다.

여자는 공감의 말을
남자는 찬미의 말을 바라고

여자는 확신 헌신을 원하고
남자는 격려 칭찬 용기를 원한다

오해는 세 번 생각하면 이해되고
이해하고 이해하면 사랑하게 되고
사랑하고 사랑하면 팔자가 핀단다.

어차피(於此彼)

어차피
이해하려 했으면
끝까지 이해하자

어차피
사랑하려 했으면
끝까지 사랑하자

어차피
용서하려 했으면
끝까지 용서하자

어치피
도우려 했으면
끝까지 도와주자

어차피
이해하고 사랑하고
용서하고 도와야 할 텐데.

관 심

떨어져 있으면
멀리 있게 되면
관심에서 멀어질 수 있지

가까이 있어지고
만나서 서로 대하면
사랑과 관심 더욱 짙어져

이해하고 용서하고
도와주고 협력하여
서로의 도움 유익되어 지리

오해와 갈등을 풀고
새로운 시대를 함께 열어
가꾸어 갈 수 있는 우리가 되자

큰 자는 후덕한 자라
개인도 가정도 사회도 나라도 서로가
만난 관심 대화로 해결 이루자

여유 있는 자가 또한 큰 자라
서로 사랑과 배려로 양보 속에 해결하고
도와주고 유익되어 멋있게 살자.

블루베리

연약한 나무 같지만
우리 기후 환경에
적응 해내는 블루베리

우리나라 토종식물은 아니라도
산성 토양을 더 좋아하고
충분한 수분을 바란다네

추운 겨울을 지내야만
꽃을 피울 수 있고
열매를 맺을 수 있단다

달콤하고 맛있는 열매
재배자의 정성 따라서
유익 보답하여 준다네

밝은 햇빛을 좋아하고
물을 좋아하고
산성토양을 좋아하듯

사계절 잘 적응하고
아름다운 경관으로
열매 영양으로 우리에게 주네

블루베리처럼
변덕스럽지 않고
정성 보답하는 열매되자.

중앙공원

자연적인 것은 아니겠지만
도심 속에 자연을
재생시킨 작품이구나

부천시의 중앙 역할
톡톡히 이루려고
많은 시민들 부르는구나

시청 앞 넓은 공원
느티나무. 소나무. 잣나무 숲
각양 것들로 어우려 놓은 곳

나무 풀 돌 흙 도로도
우리에게 보답하려고
시원 상큼 내음 풍겨준다

남녀노소 함께 거닐고
젊은 연인들 손잡고 얘기하며
함께 즐겁게 어울리는 곳

아름다운 중앙공원아
너를 찾는 모든 시민들을
다 맞아 주니 고맙다

너와 우리는 다 중앙공원 주인들
함께 어우러져 멋지고
건강하게 생기 넘치는 삶 이루자.

나 이

시간의 쌓임이
세월인가

세월의 쌓임이
경륜인가

경륜의 쌓임이
인생인가

인생이란
나이 먹는 것인가

나이 먹는 것은
변해가는 것인가

아니다
변하지 않는다

달도 해도
보라 변치 않찬냐

나이가 문제 아니고
생각이 문제 아닌가

의욕과 용기로
긍정의 삶으로 나이 정복하자.

도 전

새로운 목표에
도전 하는 것이
승부의 정신

승부보다 더
중요한 것은
꾸준한 도전정신

남이 하는 만큼 하면
남과 같을 뿐
그 이상은 못 간다

운동 선수도
사업가도
과학자도 도전이다

한계를 벗어나
새 기록으로 갱신되어
영원을 이룰 수 없는가

유한한 생명이
영원한 생명으로 감은
생명의 주관자를 따르는 길 뿐이라.

취미

다양한 삶의 형태
여러 모양의 사람
각양의 취미 다르다

먹고 마시는 것도
입고 벗는 것도
즐기고 노는 것들 모두가

사람마다
종족마다
나라마다 다르다

나의 취미는
나와 남이 서로가
구원의 행복을 사는 것

나로 하여금
당신이 모두가
정말 잘 되시기를 바라고

영혼이 잘되고
육신도 강건하고
범사가 복되시길 기도합니다.

– 제3 부 –

해송(海松)

나는 당신이 / 68
하늘에서 / 69
비자림 / 71
외돌 개 / 72
창문 넘어 / 73
파도야 / 75
야자나무야 / 77
그 시절 / 79
휴 가 / 81
제주 아침 / 83
바다의 노래 / 85
제주대 / 87
해 송(海松) / 88
함덕 해수욕장 / 90
쇠소깍 / 92
돈 내코 / 93
상판악 / 94
마라도 / 95
손녀들과 / 97
아들아 / 98
제주에서 / 99

나는 당신이

나는 당신이
정말로 기뻐하길

나는 당신이
진짜로 웃기를

나는 당신이
항상 즐거워하기를

나는 당신이 행복해할 때
나는 더 행복하고

나는 당신이 좋아할 때
나는 더 좋답니다

당신은 나의 만족
당신은 나의 감사요

당신이 있어서
나는 좋고 행복해요

나의 당신이여
당신의 나여 되게 하소서.

하늘에서

창공을 치고 올라
구름 벗어난
그 한 선에 머문다

하얀 구름
그 위 햇빛 찬란함
방향 모를 구름은 간다

구름 사이 저 밑
산 들 집
바다도 강도
다 멈춤 같구나

비행기도 평형괘도에
진입한 듯 싶구나
가는 것인지 멈춘 것인지
아마 멈춰있는 모습이구나

잠시나마
시간에서 벗어나서
막힘없는 윗 하늘을 보며

흰 구름 곁
태양 빛 부딪치니
흰 광택 눈부시누나

흰 하얀 솜구름 위
포근함에 소담함에
펼쳐진 안정 잠잠이구나

이따금 구름 틈새 아래
파란바다
구름 위 아니 내 머리 위
파란 하늘

나는 그 사이
선을 잇고 있구나.

비자림

제주 특별 자치도의
무사 안녕을 기원하는 나무
일천년 가까운 세월을
밀집해 대 숲을 이루어
수천 그루 꿋꿋이 서 있구나

누가 심지도
누가 가꾸지도 아니한 사이
스스로 자신들 뿐만 아니라
제주를 지켜 왔구나

늦게나마
비자림 숲을 찾아오는
많은 사람들
반갑게 깊은 향취로
시원함 상쾌함 주는구나

울창한 비자나무 숲속
거닐며 즐기는 삼림욕
우리 인간에게
육체와 속을 시원하게
각양 피로를 씻어준다

찾아오는 모든 이들에게
인체의 리듬을 되찾게 해
자연과 더욱 깅긴히
사랑의 동반 길이 누리어라.

외돌 개

옛날 어느
할머니 할아버지의
한이 서린 외돌 개
우뚝 선 바위

그 꼭대기
살아 버티는 나무는
참으로 생명력
강하고 강하구나

외로워
외돌 개라 했던가
이젠 전 세계 사람들
함께 많이 찾아와
같이 외롬 달랜다

쉬임 없이
몰아치는 파도
그래도 끄덕없이
버텨 견디는 외돌 개

더욱 강하게
더욱 힘있게　견디고 이겨 내리라

이 나라 민족의
버팀 외돌 개 아닌
큰 기둥 되어라.

창문 넘어

시원히
확 뚫린 바다

바닷가
강인한 송림(松林)

푸른 생기
검푸른 대양(大洋)

이 나라
최 남쪽 제주 서귀포

끝이 아닌
태평양 넘어로 향한

세계를 품고
다스림의 소리 같은

시원한
여름 바람 소리

웅장한
파도 소리 끊임 없구나

제주대 휴양소
창문 넘어 멀리

이 나라 민족의 위상
끝까지 크게 펼쳐지어라

끊임없이
몰려오는 바람과 파도

끊임없이
멀리 펼친 수평선 넘어 넘어라.

파도야

머나 먼
온 지구를 감싸 덮듯이
밀리고 밀고
다가온 파도야

망망대해
장애물 없어도
계속 너는
힘센 운동 하는구나

땅 끝에
부딪칠 때마다
흰 거품 아우성
토해 내는구나

얼마나
먼 곳에서
그토록
고댄 여행을 왔길래

그래도
지칠 줄 모르고
꼭
이 땅에 오르고 싶으냐

계속 부딪쳐
두드려 보건만
너를 맞아줄 이 없구나

파도야 미안하다
너는 넓은 바다에서
우리는 이 땅에서 사는거잖니.

야자나무야

더운 나라에서
이사 온
제주 야자나무야

너의 나라와는
좀
기후 환경 맞지 않아도

삼다도 제주에서
비 바람 돌
환경 잘도 견딘다

사면 바다
세찬 바람결에
네 잎새 갈기갈기 찢긴 듯

뒤 엉클어진
삼발 머리 되어도
억센 풍랑 잘 이겨 내는구나

제주를 찾는
국내외 관광객들
너 까닭에 이국 정취

마음껏
취해 즐기며
제주 관광 한껏 흥 돋군다

바람아 파도야
나무야 자연들아
함께 기뻐 춤추며 노래하자.

그 시절

그 어릴 적
엊그제 같은데
다시금
추억 속으로
되돌려 놨구나

나 어릴 적과
우리 부모님이 사시던
그 시절

재현하여 놓은
제주의 선녀와 나무꾼은
정말 우리들
마음속 향수 되살리네

희미한 내 기억들
잊혀질 뻔 하였던 것들
생생히 되살아난
현장 이로구나

고생하던
부모님과 어르신들
이제 우리는
그 덕에 편히 살고
있지 않습니까

초가집
쇠 달구지
장날 국밥집

코 흘리게
국민학교
도시락
딱지치지

모두가 추억 속으로
그 시절
친구들
그립구나.

휴 가

시작도
끝도 없이
항상
연속되는 일과가
목회자 일이라

자나
깨니
성도들 관심

어딜
가나오나
마음 생각
성도들 뿐 이구나

모처럼의
여름휴가
자연 경관 수려함
볼 것 많건만

보고 싶고
그리운 건
하나님이 맺어주신
우리 성도들뿐 이라네

사랑하는
우리 성도들이여
우리 같이
하나님 뜻 잘 받들어
사랑 은혜 감사 복으로
풍성 사시기를 바랄 뿐이라오.

제주 아침

머 언
망망대해
그
끝에서부터
밀고
밀려오는
여명
밝음
태양의 솟구침

보일 듯
보이지 않는
수평선에서

바다
파도의
생명의 노래

희망을
생기를
용기를 같이
실어오누나

제주의
바다 향언
푸르름

한껏 실어
특별 제주만이 아닌

육지
대륙 반도로

힘 있게
날마다 주려므나.

바다의 노래

멀리서
잔잔 음이
점점 높여

도래미
라시도

육지에 가까이
갯바위 벽 부딪쳐
큰 탁음 내는구나

파도야
너 만이
내고자하는 소리

맘껏 두드려
장엄한 노래
계속 부르라

큰 바위
작은 바위
북 치고

해안가
힘센 나무들
현을 삼아

아름다운
웅장한
노래
늘 부르라.

제주대

국제적인 도시
제주 특별 자치도에
제주 대학교

국내외의
인재 발굴 육성하여
세워진 대학교여

한 시대와
미래를 준비하는
신학문 연구 위해서

막강한 교수진들
참신한 학생들로 서로가
전문적 학문 수련하네

배우고 연구하고
가르치고 개발하여
이 시대와 미래의 참된 학문을

깊이와 넓이
더욱 파고 확장시켜서
온 나라와 세계인 위해서

크게 기여하고
온 인류 민족 번영의
아름다운 삶에
큰 일 하라 시구려.

해 송

수많은 세월
억센 바다
파도 소리 들으며

꿋꿋이 서서
씩씩하고
늠름한 자태
대견스럽구나

비
바람
파도 무서웁게
드시되 드시건만도

해송
너는
끝까지 버티어
이겨 냈구나

더욱
강한 기상으로
너의 핍박자
훼방군들까지도

친구삼아
어우러

더욱 즐거운
기백
당당 살아라.

함덕 해수욕장

따뜻한
담수호 같이

잔잔한 듯 하며
포근함 까지 안겨주는
함덕 해수욕장 이구나

아이들 손잡고
어른들 함께
재미있어 즐긴다

얕음 한
바다 물 밑
다슬기 고동 줍고

얕은 고운 모래 속
조금 긁어주니
모시조개 같이 나오네

어린아이
너무 좋아하니
어른 덩달아
동심 펼친다

함께
어린아이 되어
노니는 구나

고운 모래
물 얕음 따뜻함
모두 아이들 같이
함께 어울려 논다.

쇠소깍

유네스코
세계 자연유산

바닷 골
깊이 파고들어

고인 바닷물
호수 이루었네

통 나룻배
줄 당기어
옛 정취 풍겨 보고

바닷가
검은 모래
찜질 시원 효과 준다네

파도에 부딪치는
몽돌들

굴리고
굴려 달아서
둥굴 납작해져서

찾는 이들
맞아 주는구나.

돈 내코

제주 땅
지명이라서 인지
이름도
참 희안하구나

계곡 깊은 곳
층층 계단
따라 내려갔네

시원한
삼림 속 계곡
시원한 물 흐름

너무나
상쾌로구나

계곡 깊은 골
수많은
세월 따라

부딪치고 깎이고
뒹군 바위 돌들

여하튼
좋구나
시원한 자연 속
나무그늘 바위 돌 물 모래.

상판악

제주시와
서귀포를 잇는
5.16 도로
가장 높은 지점

한라산
등정의 출발점
상판악이다

많은 이들
한라산 백록담
명산 정기 다 받으려

찾는 이도
오는 이도 많구나

상판악
나무 숲 그늘에
우리 잠시
쉬었다가 갑시다

시원한
자연수 곁들여

목 추기고
자연의 감격 한번
느껴 보십시다.

마라도

우리나라 최남단
본 섬 제주 모슬포 항에서
십일 킬로 떨어진 섬

외로이 온갖 파도 이기며
굳건히 버텨낸 섬
마라도라

이제는 많은 이들
마라도를 찾아주니
외롭지 않은 섬이로다

마라도야
고맙구나
너는 이 민족 애환 풍상
다 겪어 왔지

육지와 제주 섬
본섬과 마라 섬
그 중간 또 가파도가 있지

가파도야 너는
섬 사이 끼어
좀 소외된 느낌있구나

너 역시 가파른 파도
험란 다 이겨 왔잖니

마라도야 가파도야
본섬 제주의 모슬포야
한라산 산방산 바라보며

함께 어우러
이 나라 굳게 지켜다오.

손녀들과

저희들은
몰라도
할미 할비는
마냥 좋구나

모처럼의
한 자리에서
함께
노니는 것 참 좋구나

손녀들아
예쁘게
무럭무럭 잘 자라라

이뻐 하고
귀여워하는 것은
할미 할비의
몫이겠지

손녀들아
지혜롭게
사랑스럽게
건강하게 자라라

우리 집에
행복
재롱
귀염둥이로.

아들아

초등
중등
고등

학사
석사
박사

연구
해외 포닥
대학교수로

쉽지 않은
관문들을 지나
석학자의
자리에 섰구나

부디
전능 하나님의 영광
가문의 영광
본인의 사명
긍지 되어라

이 시대
이 나라와
세계와 민족위에
큰 학문 이루어라.

제주에서

이 나라의 자랑
아니 세계의 자연유산
제주의 경관이라

우뚝 솟은 한라산
함께 펼친 오름들
사면의 시원한 바다
아름다운 한 폭 그림이 로구나

하늘 땅 바다
온통 푸르름의
시원 생기 가득 넘친 곳이라

원시 자연으로부터
근대 개발 변화의 화음
가득 모아 채워진 곳이구나

전 세계인 모여드는
이 나라의 명품
제주 특별 자치도로다

성산 일출에서
서귀포 돌아
제주의 문들 시읍 리 까지도

세계를 향해
비상하는 제주 공항
해양을 누비려는 제주항

그리고 오몰 조몰
제주의 해안 내륙 골 구석구석
그냥 지나칠 곳 전혀 없어라

아름다운 제주에서
더 아름다웁자
전지전능 창조주
하나님의 이름 높이자.

– 제 4 부 –

인동초(忍冬草)

사라봉 / 102

인동초(忍冬草) / 104

기회 / 106

손도장 찍고 / 107

우리 모두야 / 109

점검 / 111

이름 / 112

성장 / 113

온들 가을 / 114

가을 / 115

손양원 목사 순교 기념관 / 116

충만 / 118

땀 / 119

열매 / 121

알곡 / 123

기둥 같이 / 125

단풍 / 127

내 사랑하는 / 128

어리던 너들 / 129

사라봉

제주 정봉 한라에서
아라의 정기이어
사라에 서렸다

동북 서남의 절경들
막힘없이 확 열려
한라산의 영봉 웅장함에
시원함 더하다

사라봉과
별도 봉 연결돼
많은 등산객들 찾아와
자연과 벗이 되고

바닷 내음
향기 내음 맡음에서
해송 내음
각종 숲 생취 마셔

자연과 더불어
강건함 만끽하려 하네

사라의 감쌈
제주시의 포근함
아라의 아름담아
한라의 수려와

하늘 산 바다
나무 숲 바람
그리고 나

함께 어우러진
자연됨의
경관 멋져라.

인동초(忍冬草)

나고 살고 가는 것이
인생의 수순이라지만

인생 역경 일 평생
고난의 연속 이셨어라

전남 신안 하외도 섬에서
가난한 농부의 아들로 나시어

이 나라 민족의 어려운 고비마다
인동초 처럼 버티어 오셨어라

시대의 정치 풍랑 속에
순탄치 못한 파란만장 인생

죽을 고비 수 없이 넘기시며
인간 인동초 되어 이기신 임이시어

이 나라 풍랑 고비마다
남북의 냉대에 평화 구축 물꼬를

국제사회 속에 이 나라 위상을
성숙된 평화와 정치를 발전시켜

세계적 금융위기 I.M.F
민족 슬기로 풀게 하시고

세계화적 선진도약의 길로
큰 단계 올려놓으신 임이시여

임은 이 나라의 큰 별이셨어요
임은 인동초의 절개 이셨습니다.

기 회

기회는 누구에게나 온다지만
놓치고 기회 잃는 자도
붙잡아 활용하는 이 있다

그러나 기회가 계속 온다는
보장도 없음을 알라

지혜로운 사람들은
아름다운 성공 승리의
기회를 이룹시다

내일이 있다고 미루는 자
기회 훨훨 날아가버림 알라

일할 기회 때 일하자
힘 쓸때 힘써야 한다
봉사 충성 헌신 사랑하자

지금은 은혜 받을 때요
지금은 나를 필요로 하는 때요

내 몸 맘 힘 정성 다하여
주님의 약속 말씀 믿고 따라 살자
용서 사랑 베품 영생 복 이루리라

지금 나에게 부여된 기회
주 하나님의 원하심을 따르자.

손도장 찍고

하늘
바다 땅
고기 비둘기
나무와 사람들
가장 아름다움 어울린 곳

천혜의 낙원 같이
서해의 뛰어난 그림 같은 작품이

이 어인 날벼락
이천 칠년 십이월 칠일 아침
흙 진주라 하는 원유 실은 유조선
충돌 유출로 대 재앙이 벌이졌다

온 바다 검은 죽음이 돼
바다 속 겉 할 것 없이
해안 다 삼켜 버렸다

그때 한국인의 저력
다시 발휘해 태안의 바다에
일백 이십삼만 달려 모였다

나와 너 할 것 없이 모두가
기적의 인간 띠 이루어
버림받은 원유 긁어모아
돌 틈 숨긴 자리까지
다 훔쳐 씻어냈다

아름다운 국민의 손길들
다시 새로움으로
어린이도 어른들도
함께 마음 행동 합쳤다

다시 생명 찾은
다시 태어난 서해안
바다의 함성 모래 돌 땅
고기들 비둘기 바람도 나무들
모든 사람들
다시 생기 이뤘다

생명을 희망을
크게 많이 노래하자

태안의 방조재 기념 손도장 찍고
창조주의 섭리 따라서
우리 모두 저력 잃지 말고
영원 생명의 힘내 살자.

우리 모두야

창조주 하나님께서는
우리 위해 모든 좋은 것으로 주셨는데
그 모든 피조물들은
우리에게 창조 하나님의 뜻대로
목적대로 순응하고 있는데

하늘은 우리에게 빛과 소망을
땅은 우리에게 양식과 힘을
나무들은 우리에게 생명의 상쾌한 공기를
바다와 물은 우리에게 무한을 주려는데

유난히 우리 인간만이
하나님의 자연 섭리를 거역하고
자연과 남의 사정 무시하고 있지 않는가

나만 좋게 하려고
내일을 생각지 않는 사람아
미래를 책임지지 않으려는 사람아
자연 섭리를 통해서 다시 배우자

물 한 방울
풀 한 포기도
홀로선 나무 한 그루도
흙 모래 돌들도 자기 몫 이룬다

넓은 바다를 보아라
우리를 위해서 무한
자원과 양식과 도전을 주잖는가

어찌하여 온갖 쓰레기들
깨끗한 바다에 흘려 먹여서
파도의 아우성을 치게 하는가

바람 싣고 밤새 토해낸
각종 쓰레기들
바닷가 모래밭에 뒤 엉켰구나

나야 사람아 살리자
남이 세상이 자연이 바다가
싫다는데 왜 죽이려고 하느냐

우리 모두야
삼가 지켜서
아름다운 생명
아름다운 세상 살려 살자.

점 검

앞만 보고 달리다가도
때로는 가고 오는 길
점검도 해보자

점검은 결코
일방통행을 견줌이 아니고
도와주기 위함이라

개인적인 삶을 통해
돌아보고 점검하여
깨끗하고 바른 삶 이루자

공동체적인 삶을 통해
이웃에게 소홀함이 없는
유익을 살고 있나 점검해보자

주께서 맡겨주심 점검하여
재물과 모든 것들을 통해
바르게 선용하고 있나 점검하자

서로가 짐을 지고 점검 이뤄
인도하는 이와 좋은 관계 이뤄
선한 일에 항상 힘쓰자

주님의 목적대로 나와 우리 서로
부끄러움이 없는 점섬의 삶이 되어
서로에게 유익과 행복 제공 이루자.

이 름

이름이란
단순한 명칭만이 아닌
깊은 의미가 담겨 있는 것

그러니 우리는
이름 값 감당해야
올바른 의미 삶 이룸이라

더 나아가 진정한
이름 값 행함 따라서
남들이 별명도 준다

부끄럽지 않은
참된 삶 이루어서
내 이름 가치 높이자

나만을 위한 삶이
남에게 참 유익 주는 삶으로
더 큰 보람 삶 살자

창조주 하나님의
바라심과 목적하심이
서로의 합력이라 셨어라

소금이 녹아져서 맛을 내듯
빛이 어둔 세상을 밝히시듯
서로 도와 가치 높여 살자.

성 장

모든 생명체는
자라나는 성장 인자가
살아 활동하고 있음이라

성장 한다는 것은
건강한 정신 사상 가진 자의
근본이요 바램이요 소원이라

아이가 자라서
어른이 되듯이
인생은 성장 성숙이라

나 지금 여기서
아름답고 귀한 것으로
충만한 삶 살고 있는가

나는 날마다
성장하고 발전되어
단계 단계 오르고 있는가

난 정말로 날마다
나 만드신 주님 목적으로
살아가고 있는가

창조주 하나님의 목적으로
그의 장성한 분량까지 이루어
부끄러움 없는 참 삶 이루자.

온들 가을

더웁지도
추웁지도 않은 가을

온
들과 산들
하늘과 들녘들

아름다움으로
가득 채워진
가을의 들판이구려

밤송이 알알
감나무 감 물들고
온 들 볏 나락 감사코

수수 조 기장
틈실히 익어가네

논과 밭
넉넉하고 풍성한 온 들
온 들 가을 장관이로구나.

가 을

하늘은 높고 푸르고
들은 황금물결 펼치듯
아름답고 풍요로운 가을이구나

천고마비의 계절이라
부요하고 풍성함의
대명사 격이 아니런가

이른 봄부터 수고한 땀이
한 알 한 알 진주가 되어져
창고 곡간 채우는 감사 계절

심은 자들이여
가꾼 이들이여
결실 주신 하나님께 찬양 올리세

감사의 계절
흐뭇한 가을을
한껏 품어 감사하세.

손양원 목사 순교 기념관

성경의 역사는
순교의 피 흐름이라

그 피는 생명 되어
오늘도 우리 속에 흐른다네

하나님의 위대한 역사
우리 땅에 임하시사

신앙의 맥 힘 있게
이으라셨네

우리의 신앙 선진들
순교자 그 정신으로
방방곡곡 솟구치네

근대 순교의 꽃
손 양원 목사님

그보다 먼저 그의
두 아들 동인과 동신을
순교로 바치게 하시고

아들을 죽인
살인자를 아들로 입적해
주님의 종 만드시고
위대한 용서 보이셨네

손 목사 살아생전
소외된 한센병자 위해
더 큰 사랑 헌신으로 쏟으시고
자신을 다 바치셨네

손 목사 마지막의 순교로
그의 온 몸 맘 정신
모누 하나님의 깃으로
온전히 사용 되셨다네

오늘에 사는
우리들아
우리도 참 신앙 받아 지켜
주 하나님의 위대하신
역사 앞에

헌신으로 온전 바치세

우리들아
힘껏 헌신하자.

충만

결실의 달 시월
수확의 달 가을에
풍요와 풍성의 여유 넘친다

우리들의 심령 속에도
넉넉함과 여유로움 있음에
충만을 채우자

하나님의 사람으로서
성령의 충만함 입어
세상을 제어하고 평강 이루자

하나님의 사람으로서
매사 긍정적인 생각으로
평강과 감사 이루어 살자

세상의 넉넉함으로서는
물질적인 사상 만으로서는
채워질 수 없는 것들을

하나님이 주시는 것들로서
사랑 긍정 감사의 마음으로
성령 충만의 행복 충만 이뤄 살자.

땀

수고의 땀
몸의 진액 가치로
희생의 참된 결실되어져

수고의 땀
풍성한 열매를 얻게하고
땀 흘려 일할 때
건강함을 얻습니다

가치 있는 땀의 향취로
참 기쁨과 보람으로
결실의 행복을 줍니다

인생의 보람된 땀으로
승리의 영광을 안겨주고
참된 인생의 의미를
보람을 약속 합니다

수고의 땀을 주님께 바쳐
이 세상에서 헛되지 않은
모든 이에게 기쁨과 덕을
더욱 안겨 주리라

사랑과 수고의 땀으로
봉사와 충성 헌신 희생으로서
영혼 생명 살려내고

거칠고 어두워 가는 세상에
사랑 수고의 용해제 땀으로서
아름답게 밝혀주는
땀의 영농한 광채 이루자.

열 매

열매를 보면
그 나무의 종류를 알고

좋은 열매 맺는 나무는
더욱 보호 받아서
더 많은 열매 이룬다

성도라 함은
착한 행실의 열매로
더욱 아름다운 덕을
많이 세워야 한다

열매는 생명을 간직한
씨앗이요

열매는 남의 생명을
지켜주는 사명도
담고 있음이라

행위의 열매를 주고
입의 열매로 복록을 누리고

빛의 열매로 착함과 진실을
회개에 합당한 열매로
감사 기쁨 행복 넘치는
그런 멋진 삶을 이루자

좋은 열매 많이 맺는
참 성도 되어져서
서로 많은 덕을 이루자.

알곡

초롱초롱하고
탱탱한 알곡이 되어

생명 계대의
유업을 이루어 가는
참된 생명 씨앗 되어라

고른 영양 공급 받고
알맞은 환경 조성으로
변함없는 알곡 되라

창조주의 목적대로
종(種) 과(課) 목(目)이뤄
영원 알곡 생명 이어져라

알곡 가치 상실되면
변절 변질 자 되어
생명 빛 잃고 맙니다

모양뿐인 쭉정이는
심판 날 견디지 못하고
태워지는 불속에 던져진다

참된 알곡
충실한 생명 담아
오래도록 아주오래

아니 영원히
참 생명 되어지어라.

기둥 같이

반석 위에 세운 집
견고 하여 무너지지 않듯이

그 건물에는 반듯한
기둥이 서 있어야 한다

기둥은 좌우 치우침이 없이
들보를 떠 받치고
지침 없이 서 있어야 한다

기둥과 기둥이 서로서고
들보가 연결되어 붙잡고
석가래가 겯드려지고
지붕이 덮여진다

그 속에 행복 사랑이
그 속에 참 아름다움이
거룩한 생명이 채워진단다

모두가 귀하고
모두가 아름답고
모두가 진가 발휘 되는 것
기둥이 바르게 설 때에 된다

우리 모두 기둥 같이
서로 세워주고

서로 붙잡아 주고
서로의 몫 감당할 때
멋진 집은
날마다 세워져 간다.

단 풍

청청하고 무성하던
한 여름의 고개 넘어서
계절의 절정이루는
가을의 끝자락에서

무성하던 잎새들
마지막 아름다움을
한껏 보여 줌 일래

노랑 분홍 빨강 보라
갖 가지 색상으로 물 들여
새 단장 가추고
모든 이에게 선물 되어주네

마지막 순간까지
아름다움의 자태로서
최후까지라도
남을 잊지 않는 단풍같이

마지막 잎새로
사명 색깔 나타내는
아름다운 단풍처럼
멋진 모습 보여져라.

내 사랑하는

내 사랑하는 당신이 있어서
내 삶의 가치를 더욱 높여 갑니다
당신은 내 삶속의 에너지 충전소
당신은 내 인생의 힘이랍니다

나는 당신이 정말로 좋아요
나는 당신을 정말로 사랑합니다

내 사랑하는 당신이 있어서
내 인생은 참으로 즐겁습니다
당신은 내 삶속의 사랑의 샘
당신은 내 인생의 행복이랍니다

내 사랑하는 당신이 있어서
내 삶은 피곤하지 않습니다
당신은 내 삶속의 감사의 샘
당신은 내 인생의 보람이랍니다.

어리던 니들

아직은 집에서
떨어지지 않으려 했던 때
마을에서 제일 큰 건물
쌍류천 사이 학교에

함께 입학하여
놀고 뛰고 장난치며
공부하던 꾸러기 동무들과의
그 날들이 새록 재밌었다

속 없듯 철모르고
마구 달려 뛰든 동무들과
이젠 육순의 언덕에
올라와 있구나

흰 머리칼 섞인 지금
그 시절 그 모습들
지금도 베어 있음을
나는 읽을 수 있구나

어릴 때 동무들아
육순의 벗들 되었으니
우리 우정 변함없이
오래 오래 웃고 지키자

순이 분이 숙이 애야도
그때의 머스마들도 이쁘다
니들 사랑한다
이 모습들 오래 새기자.

쓸모없는 이 죄인을

류한상 작사
유 진 작곡

천지 만물을

류한상 작사
유 진 작곡

어둔밤은 물러가고

류한상 작사
유 진 작곡

중심교회가

류한상 작사
유 진 작곡

,달려라 멋진 인생

류한상 작사
유 진 작곡

류한상 작사
유 진 작곡

내 어릴 적

내 마음의 날개

유한상 작시
김용건 작곡

Moderato animato ♩=90

2
날개를 펼-치- 자
어둠에 묻힌 굴레를 벗어나
근심의 고 뇌 벗- 어던지고
새 벽의 여 명의 - 밝-음을 달- 리
밝 은- 기 쁨의 - 노-래를 부- 르
자 - 아 침 이슬의 생기를 받으리
리 - 한 낮 정오의 빛 을 받으리

T
Pno.
mp
아 - 내 - 마 음의 무한한희 망
차문아열 려
울 - -
라 - -
rall
a tempo
fp
f
pp
오 -
rit.

4.

a tempo
mp
T
내 인생의 역-량을펼-치 리
승-리를이-루 자
Pno.
mf
참 아 름 다-운- 나 - 의 미 래 를
나 래 를
활 짝 펼치자 활--짝- 펼 치

T
Pno.
mf
자
끝-- 없 - 는
1 절
mp
도 - 전 으 로
rit.
subito p
f
2 절
rall ....
도 - 전 으
rall .....

54
T
로
Pno.
56
T
Pno.

시인 **류 한 상**

충청남도 연기군 서면 고복리 출생

● 학력

· 쌍류초등학교 졸업
· 조치원 중학교 졸업
· 우송대학교 졸업
· 합동총회신학대학, 동 대학원 졸업(M.Div)
· 합동총회신학대학원 졸업(Th.m)
· 한국기독학술연구원 졸업
· California Central University(D.Min)
· LordLand University(D.Dth)

● 경력

· 세계환경문학협회 상임이사
· 사단법인 한국문인협회 회원
· (사)한국문인협회 서울중구지부 감사
· 우리가곡작사가협회 이사
· 한국복음성가 및 대중가요 작사가협회 회원
· 자랑스런 한국인상 수상
· 한민족평화통일 공로상
· 국회일자리창출 대상
· 세계환경문학회 대상
· 호헌총회신학교 교수
· 합동총회신학교 교수
· (사)대한예수교장로회연합회 부회장
· 한기총 · 한 장총연합회 선교위원
· 두란노 서원선교회 회장
· 대한예수교장로회 총회장(호헌)역임
· 대한기독교연합신문 편집국장
· YBC연합방송 방송위원
총회부흥사회 대표회장
· 대한예수교장로회 중심교회 당회장

● 논문

· 'The Growth of Churches through the Grace of the Holy Spirit'

● 저서

· 조직신학, 구약성경총론, 목회학, 교회 행정학 외 신학 교재 다수

· 시집 : 2008년 가을 「10월의 노래」
2010년 가을 「멋진 인생」
2011년 봄 「해송(海松)」

· 복음성가 : 「쓸모없는 이죄인」, 「천지와 만물을 창조하시고」
「달려라 멋진 인생」, 「중심교회가」, 「어둔밤은 지나고」
외 다수

· 가곡 : 「내 마음의 날개」, 「내 어릴적」 외

● 중심교회

경기도 부천시 원미구 중동 1184-6

TEL : (032)668-5116, 070-8111-9106

H.P : 010-9429-9106